SUCCESSIONS

RÉFORME DES DROITS DE MUTATION

Loi de Finances du 25 Février 1901

TARIFS

Des Droits de Mutation par Décès

et par Donations entre Vifs

REIMS

A. PHILIPPE, ÉDITEUR

—

1901.

SUCCESSIONS

RÉFORME DES DROITS DE MUTATION

Loi de Finances du 25 Février 1901

TARIFS

Des Droits de Mutation par Décès

et par Donations entre Vifs

REIMS

A. PHILIPPE, ÉDITEUR

—

1901

LE
NOUVEAU RÉGIME DES SUCCESSIONS

Deux Réformes importantes

La Loi de Finances du 25 Février 1901, relative aux Successions, a apporté avec elle deux réformes importantes :
1º Réduction des dettes de l'actif;
2º Calcul de la valeur de la nue-propriété et de l'usufruit.

Réduction des dettes de l'actif. — *D'après l'ancienne loi, les droits étaient perçus sur l'actif brut des successions. Les dettes étant comprises dans cet actif, l'héritier payait donc un droit pour un bien dont il n'héritait pas. Désormais, aux termes de l'article 2 de la nouvelle loi, les droits de mutation seront liquidés sur la part nette constituant l'actif, et suivant des Tarifs indiqués dans un tableau annexé à la loi.*

Cet article 2 porte en son texte la réforme la plus importante du nouveau régime fiscal des Successions :
Droits perçus sur la part nette recueillie ;
Suppression des deux décimes et demi dûs en même temps ;
Graduation du montant des droits suivant l'importance de la part recueillie.

Calcul de la valeur de la nue-propriété et de l'usufruit. — *Sous le régime de l'ancienne loi, le fisc percevait un droit et sur l'acquéreur d'une nue-propriété, et sur l'usufruitier ; le premier payait l'impôt sur le pied de la valeur même du bien tandis que le second devait l'impôt suivant l'évaluation de la valeur légale de cet usufruit ; il était toujours égal à la moitié du droit payé par le possesseur de la nue-propriété. Qu'en résultait-il ? C'est que le fisc percevait un droit et demi.*

La nouvelle loi a mis fin à l'application de ce système. En effet, aux termes de l'article 13, la nue-propriété et l'usufruit ne peuvent avoir à eux deux que la valeur de la propriété entière. Cette valeur est déterminée par les dispositions dudit article.

Ces deux importantes réformes devaient entraîner avec elles une diminution sensible de recettes. Ce déficit se trouve compensé par l'admission d'un système de graduation des droits suivant la classe d'héritier et l'importance de la part recueillie.

Il résulte de ces nouvelles dispositions que les héritiers en ligne directe sont appelés à bénéficier de la nouvelle loi, tandis que les héritiers de toutes autres classes sont astreints, désormais, à subir une élévation considérable de tarif.

On comprendra, par ces quelques explications, combien il était opportun d'insister sur les réformes introduites dans le nouveau Régime fiscal des Successions par la Loi de Finances du 25 Février 1901.

A. D'ALBIGNY.

SUCCESSIONS

**Réforme des droits de mutation d'après la loi de Finances
du 25 février 1901**

(Journal Officiel du 26 février 1901)*

ARTICLE PREMIER. — . . . .

ART. 2. — Les droits de mutation par décès de biens, meubles
ou immeubles, seront liquidés sur la part nette recueillie par
chaque ayant droit. Ils sont perçus, sans addition d'aucun
décime, pour chacune des fractions de cette part suivant des
tarifs portés au tableau annexé à la loi.

Sont abrogées les dispositions de l'avant-dernier alinéa de
l'article 53 de la loi du 28 avril 1816, concernant l'époux
survivant.

ART. 3. — Pour la liquidation et le paiement des droits de
mutation par décès seront déduites les dettes à la charge du
défunt, dont l'existence au jour de l'ouverture de la succession
sera dûment justifiée par des titres susceptibles de faire preuve
en justice contre le défunt.

S'il s'agit de dettes commerciales, l'Administration pourra
exiger, sous peine de rejet, la production des livres de commerce
du défunt.

Ces livres seront déposés pendant cinq jours au bureau qui
reçoit la déclaration, et ils seront, s'il y a lieu, communiqués
une fois, sans déplacement, aux agents du service du contrôle,
pendant les deux années qui suivront la déclaration, sous
peine d'une amende égale aux droits qui n'auront pas été perçus
par suite de la déduction du passif.

L'Administration aura le droit de puiser dans les titres ou
livres produits les renseignements permettant de contrôler la

sincérité de la déclaration de l'actif dépendant de la succession, et, en cas d'instance, la production de ces titres ou livres ne pourra être refusée.

S'il s'agit d'une dette grevant une succession dévolue à une personne pour la nue-propriété et à une autre pour l'usufruit, le droit de mutation sera perçu sur l'actif de la succession diminué du montant de la dette, dans les conditions de l'article 13 ci-après.

ART. 4. — Les dettes dont la déduction sera demandée seront détaillées, article par article, dans un inventaire sur papier non timbré, qui sera déposé au bureau lors de la déclaration de la succession et certifié par le déposant.

A l'appui de leur demande en déduction, les héritiers ou leurs représentants devront indiquer soit la date de l'acte, le nom et la résidence de l'officier public dont il émane, soit la date du jugement déclaratif de la faillite ou de la liquidation judiciaire, ainsi que la date du procès-verbal des opérations de vérification et d'affirmation de créances ou du règlement définitif de la distribution par contribution.

Ils devront représenter les autres titres ou en produire une copie collationnée.

Le créancier ne pourra, sous peine de dommages-intérêts, se refuser à communiquer le titre sous récépissé ou à en laisser prendre sans déplacement une copie collationnée par un notaire ou le greffier de la justice de paix. Cette copie portera la mention de sa destination : elle sera dispensée du timbre et de l'enregistrement autant qu'il n'en sera pas fait usage soit par acte public, soit en justice ou devant toute autorité constituée. Elle ne rendra pas elle-même obligatoire l'enregistrement du titre.

ART. 5. — Toute dette au sujet de laquelle l'agent de l'Administration aura jugé les justifications insuffisantes ne sera pas retranchée de l'actif de la succession pour la perception du droit, sauf aux parties à se pourvoir en restitution, s'il y a lieu, dans les deux années à compter du jour de la déclaration.

Néanmoins, toute dette constatée par acte authentique et non échue au jour de l'ouverture de la succession ne pourra être écartée par l'Administration, tant que celle-ci n'aura pas fait juger qu'elle est simulée. L'action pour prouver la simulation sera prescrite après cinq ans à compter du jour de la déclaration.

Les héritiers ou légataires seront admis, dans le délai de deux ans à compter du jour de la déclaration, à réclamer, sous les justifications prescrites à l'article 4, la déduction des dettes établies par les opérations de la faillite ou de la liquidation judiciaire, ou par le règlement définitif de la distribution par contribution postérieurs à la déclaration et à obtenir le remboursement des droits qu'ils a payés en trop.

ART. 6. — L'agent de l'Administration aura dans tous les cas la faculté d'exiger de l'héritier la production de l'attestation du créancier certifiant l'existence de la dette à l'époque de l'ouverture de la succession. Cette attestation, qui sera sur papier non timbré, ne pourra être refusée, sous peine de dommages-intérêts, toutes les fois qu'elle sera légitimement réclamée.

Le créancier qui attestera l'existence d'une dette déclarera, par une mention expresse, connaître les dispositions de l'article 9 relatives aux peines en cas de fausse attestation.

ART. 7. — Toutefois, ne seront pas déduites :

1° Les dettes échues depuis plus de trois mois avant l'ouverture de la succession, à moins qu'il ne soit produit une attestation du créancier en certifiant l'existence à cette époque dans la forme et suivant les règles déterminées à l'article 6 ;

2° Les dettes consenties par le défunt au profit de ses héritiers ou personnes interposées. Sont réputées personnes interposées les personnes désignées dans les articles 911, dernier alinéa, et 1100 du Code civil.

Néanmoins, lorsque la dette aura été consentie par un acte authentique ou par acte sous seing privé ayant date certaine avant l'ouverture de la succession autrement que par le décès d'une des parties contractantes, les héritiers, donataires et légataires, et les personnes réputées interposées auront le droit de prouver la sincérité de cette dette et son existence au jour de l'ouverture de la succession ;

3° Les dettes reconnues par testament ;

4° Les dettes hypothécaires garanties par une inscription périmée depuis plus de trois mois, à moins qu'il ne s'agisse d'une dette non échue et que l'existence n'en soit attestée par le créancier dans les formes prévues à l'article 6 ; si l'inscription n'est pas périmée, mais si le chiffre en a été réduit, l'excédent sera seul déduit, s'il y a lieu ;

5° Les dettes résultant de titres passés ou de jugements rendus à l'étranger, à moins qu'ils n'aient été rendus exécutoires en France ; celles qui sont hypothéquées exclusivement sur les immeubles situés à l'étranger ; celles, enfin, qui grèvent des successions d'étrangers, à moins qu'elles n'aient été contractées en France et envers des Français ou envers des sociétés et des compagnies étrangères ayant une succursale en France ;

6° Les dettes en capital et intérêts pour lesquelles le délai de prescription est accompli, à moins qu'il ne soit justifié que la prescription a été interrompue.

Art. 8. — L'inexactitude des déclarations ou attestations de dettes pourra être établie par tous les moyens de preuve admis par le droit commun, excepté le serment.

Il n'est pas dérogé en cette matière aux dispositions des articles 65 de la loi de frimaire an VII et 17 de la loi de ventôse an IX, sauf dans les instances ne comportant pas la procédure spéciale établie par ces articles.

Art. 9. — Toute déclaration ayant indûment entraîné la déduction d'une dette sera punie d'une amende égale au triple du supplément de droit exigible, sans que cette amende puisse être inférieure à 500 fr., sans décimes.

Le prétendu créancier qui en aura faussement attesté l'existence sera tenu solidairement avec le déclarant au paiement de l'amende et en supportera définitivement le tiers.

Art. 10. — L'action en recouvrement des droits et amendes exigibles par suite de l'inexactitude d'une attestation ou déclaration de dette se prescrit par cinq ans à partir de la déclaration de la succession.

Art. 11. — L'article 3 de la loi du 21 juin 1875 est modifié ainsi qu'il suit :

La valeur de la propriété des biens meubles est déterminée pour la liquidation et le paiement du droit de mutation par décès :

1° Par l'estimation contenue dans les inventaires ou autres actes passés dans les deux années du décès ;

2° Par le prix exprimé dans les actes de vente, lorsque cette vente a lieu publiquement et dans les deux années qui suivent le décès. Cette disposition s'applique aux objets inventoriés et estimés conformément au paragraphe 1er et dont l'évaluation serait inférieure au prix de vente ;

3° A défaut d'inventaire, d'actes ou de vente, en prenant pour base 33 p. 100 de l'évaluation faite dans les polices d'assurances en cours au jour du décès et souscrites par le défunt ou ses auteurs moins de cinq ans avant l'ouverture de la succession, sauf preuve contraire. Cette disposition ne s'applique pas aux polices d'assurances concernant les récoltes, les bestiaux et les marchandises ;

4° Enfin, à défaut de toutes les bases d'évaluation établies aux trois paragraphes précédents, par la déclaration faite conformément au paragraphe 8 de l'article 14 de la loi du 22 frimaire an VII.

L'insuffisance dans l'estimation des biens déclarés sera punie d'un droit en sus, si elle résulte d'un acte antérieur à la déclaration. Si, au contraire, l'acte est postérieur à cette déclaration, il ne sera perçu qu'un droit simple sur la différence existant entre l'estimation des parties et l'évaluation contenue aux actes.

Les dispositions qui précèdent ne sont applicables ni aux créances, ni aux rentes, actions, obligations, effets publics et autres biens meubles dont la valeur et le mode d'évaluation sont déterminés par des lois spéciales.

Les dispositions des deux derniers paragraphes de l'article 8 de la loi du 22 février 1872 sont applicables aux déclarations comprenant des fonds de commerce ou des clientèles dépendant de la succession.

Art. 12. — Les droits de mutation à titre gratuit entre vifs et par décès seront liquidés sur la valeur vénale en ce qui concerne les immeubles dont la destination actuelle n'est pas de procurer un revenu. Les insuffisances d'évaluation en valeur vénale seront constatées par voie d'expertise, s'il y a lieu, et réprimées suivant les règles actuellement en vigueur.

Art. 13. — La valeur de la nue-propriété et de l'usufruit des biens meubles et immeubles est déterminée, pour la liquidation et le paiement des droits, ainsi qu'il suit, savoir :

1º Pour les transmissions, à titre onéreux, de biens autres que créances, rentes ou pensions, par le prix exprimé, en y ajoutant toutes les charges en capital, sauf application des articles 17 de la loi du 22 frimaire an VII et 13 de celle du 23 août 1871 ;

2º Pour les échanges et transmissions entre vifs à titre gratuit et celles qui s'opèrent par décès des même biens, par une évaluation faite de la manière suivante : si l'usufruitier a moins de vingt ans révolus, l'usufruit est estimé aux sept dixièmes et la nue-propriété aux trois dixièmes de la propriété entière, telle qu'elle doit être évaluée d'après les règles sur l'enregistrement. Au-dessus de cet âge, cette proportion est diminuée pour l'usufruit et augmentée pour la nue propriété d'un dixième par chaque période de dix ans, sans fraction. A partir de 70 ans révolus de l'âge de l'usufruitier, la proportion est fixée à un dixième pour l'usufruit et à neuf dixième pour la nue-propriété.

Pour déterminer la valeur de la nue-propriété, il n'est tenu compte que des usufruits ouverts au jour de la mutation de cette nue-propriété.

Toutefois, dans le cas d'usufruits successifs, l'usufruit éventuel venant à s'ouvrir, le nu-propriétaire aura droit à la restitution d'une somme égale à ce qu'il aura payé en moins si le droit acquitté par lui avait été calculé d'après l'âge de l'usufruitier éventuel ; mais cette restitution aura lieu dans les limites seulement du droit dû par celui-ci. L'action en restitution ouverte au profit du nu-propriétaire se prescrit par deux ans à compter du jour du décès du précédent usufruitier.

L'usufruit constitué pour une durée fixe est estimé aux deux dixièmes de la valeur de la propriété entière pour chaque période de dix ans de la durée de l'usufruit, sans fraction et sans égard à l'âge de l'usufruitier ;

3º Pour les créances à terme, les rentes perpétuelles ou non perpétuelles et les pensions créées ou transmises à quelque titre que ce soit, et pour l'amortissement de ces rentes ou pensions,

par une quotité de la valeur de la propriété entière, établie
suivant les règles indiquées au paragraphe précédent, d'après
le capital déterminé par les paragraphes 2, 7 et 9 de l'article 14
de la loi du 22 frimaire an VII.

Il n'est rien dû pour la réunion de l'usufruit à la propriété
lorsque cette réunion a lieu par le décès de l'usufruitier ou
l'expiration du temps fixé pour la durée de l'usufruit.

ART. 14. — Les actes et déclarations régis par les dispositions
des deux derniers paragraphes de l'article 13 feront connaître
la date et le lieu de la naissance de l'usufruitier et, si la
naissance est arrivée hors de France ou d'Algérie, il sera, en
outre justifié de cette date avant l'enregistrement ; à défaut de
quoi, il sera perçu les droits les plus élevés qui pourraient être
dus au Trésor, sauf restitution du trop-perçu dans le délai de
deux ans sur la représentation de l'acte de naissance, dans le
cas où la naissance aurait eu lieu hors de France ou d'Algérie.

L'indication inexacte de la date de naissance de l'usufruitier
sera passible, à titre d'amende, d'un droit en sus égal au
supplément de droit simple exigible si l'inexactitude de la
déclaration porte sur le lieu de naissance, sauf restitution si la
date de naissance est reconnue exacte.

ART. 15. — L'article 25 de la loi du 8 juillet 1852 est modifié
ainsi qu'il suit :

Le transfert ou la mutation au grand-livre de la Dette Publique
d'une inscription de rentes provenant de titulaires décédés ou
déclarés absents ne pourra être effectué que sur la présentation
d'un certificat délivré sans frais par le receveur de l'enregistrement, constatant l'acquittement du droit de mutation par
décès.

Il en sera de même pour les transferts ou conversions de
titres nominatifs des sociétés, départements, communes et
établissements publics.

Les sociétés ou compagnies, agents de change, changeurs,
banquiers, escompteurs, officiers publics ou ministériels ou
agents d'affaires qui seraient dépositaires, détenteurs ou
débiteurs de titres, sommes ou valeurs dépendant d'une
succession qu'ils sauraient ouverte devront adresser, soit avant
le paiement, la remise ou le transfert, soit dans la quinzaine qui

suivra ces opérations, au directeur de l'enregistrement du département de leur résidence, la liste de ces titres, sommes ou valeurs. Il leur en sera donné récépissé..

Ces listes seront établies sur des formules imprimées, délivrées sans frais par l'administration de l'enregistrement.

Les compagnies françaises d'assurances sur la vie et les succursales, établies en France, des compagnies étrangères ne pourront se libérer des sommes, rentes ou émoluments quelconques dus par elles à raison du décès de l'assuré à des bénéficiaires autres que le conjoint survivant ou les successibles en ligne directe, si ce n'est sur la présentation d'un certificat délivré sans frais par le receveur d'enregistrement, dans la forme indiquée au premier alinéa du présent article, et constatant soit l'acquittement, soit la non-exigibilité de l'impôt de mutation par décès, à moins qu'elles ne préfèrent retenir, pour la garantie du Trésor, et conserver jusqu'à la présentation du certificat du receveur, une somme égale au montant de l'impôt calculé sur les sommes, rentes ou émoluments par elles dus.

L'article 6 de la loi du 21 juin 1875 n'est pas applicable lorsque l'assurance a été contractée à l'étranger et que l'assuré n'avait en France, à l'époque de son décès, ni domicile de fait, ni domicile de droit.

Quiconque aura contrevenu aux dispositions du présent article sera personnellement tenu des droits et pénalités exigibles, sauf recours contre le redevable, et passible, en outre, d'une amende de 500 francs en principal.

Art. 16. — Les mutations par décès seront enregistrées au bureau du domicile du décédé, quelle que soit la situation des valeurs mobilières ou immobilières à déclarer.

A défaut de domicile en France, la déclaration sera passée au bureau du lieu du décès ou, si le décès n'est pas survenu en France, à ceux des bureaux qui seront désignés par l'Administration.

Les héritiers, légataires ou donataires, leurs tuteurs ou curateurs, seront tenus, comme par le passé, de souscrire une déclaration détaillée et de la signer sur la formule créée par l'article 11 de la loi du 6 décembre 1897. Toutefois, en ce qui concerne les immeubles situés dans la circonscription de bureaux autres que celui où est passée la déclaration, le détail sera présenté non dans cette déclaration, mais distinctement, pour chaque bureau de la situation des biens, sur une formule fournie par l'Administration et signée par le déclarant.

ART 17. — Lorsqu'il y aura lieu de requérir l'expertise d'un meuble ou d'un corps de domaine ne formant qu'une seule exploitation située dans le ressort de plusieurs tribunaux, la demande en sera portée au tribunal de première instance, dans le ressort duquel se trouve le chef-lieu de l'exploitation ou, à défaut de chef-lieu, la partie des biens présentant le plus grand revenu d'après la matrice du rôle.

Les experts et, le cas échéant, le tiers expert prêteront serment devant le juge de paix du canton dans lequel se trouve le chef-lieu de l'exploitation ou, à défaut du chef-lieu, la partie des biens présentant le plus grand revenu d'après la matrice du rôle. Le tiers expert sera nommé par le juge de paix, si les experts ne peuvent en convenir. Les dispositions de l'article 18 de la loi du 22 frimaire an VII non contraires au présent article sont maintenues.

ART. 18. — Les droits d'enregistrement des donations entre vifs de biens meubles ou immeubles sont affranchis de tout décime ; ils seront perçus selon les quotités ci-après, et la formalité de la transcription au bureau du conservateur des hypothèques ne donnera plus lieu à aucun droit proportionnel autre que la taxe établie par la loi du 27 juillet 1900.

ART. 19. — Sont soumis à un droit de neuf francs pour cent francs (9 p. 100), sans addition de décimes, les dons et legs faits aux départements et aux communes, en tant qu'ils sont affectés par la volonté expresse du donateur à des œuvres d'assistance, ainsi que les dons et legs faits aux établissements publics charitables et hospitaliers, aux sociétés de secours mutuels et à toutes autres sociétés reconnues d'utilité publique dont les ressources sont affectées à des œuvres d'assistance.

Il sera statué sur le caractère de bienfaisance de la disposition par le décret rendu en Conseil d'Etat ou l'arrêté préfectoral qui en autorisera l'acceptation.

Sont également soumis à un droit de neuf francs pour cent (9 p. 100), sans addition de décimes, les dons et legs faits aux sociétés d'instruction et d'éducation populaire gratuites reconnues d'utilité publique et subventionnées par l'Etat.

A l'égard de tous les biens légués aux départements et à tous autres établissements publics ou d'utilité publique, le délai pour le paiement des droits de mutation par décès ne courra contre les héritiers ou légataires, saisis de la succession qu'à compter du jour où l'autorité compétente aura statué sur la demande en autorisation d'accepter le legs, sans que le paiement des droits puisse être différé au-delà de deux années à compter du jour du décès.

Cette disposition ne porte pas atteinte à l'exercice du privilège que l'article 32 de la loi du 22 frimaire an VII accorde au Trésor sur les revenus des biens à déclarer.

Art 20. — La taxe établie par l'article 5 de la loi du 21 juin 1898 sur les lots payés aux créanciers et porteurs d'obligations, effets publics et tous autres titres d'emprunt, est fixée à huit pour cent (8 p. 100).

Il n'est pas innové en ce qui concerne les droits applicables aux primes de remboursement.

Art. 21. — Le droit fixe prévu par l'article 44, § 4, de la loi du 28 avril 1816, cessera d'être exigible pour toute réunion de l'usufruit à la propriété, opérée par acte de cession, dont le prix principal ne dépassera pas deux mille francs (2.000 fr.)

Art. 22. — Les formules créées par l'article 11 de la loi du 6 décembre 1897 pour les déclarations de mutation par décès seront délivrées aux déclarants moyennant paiement de cinq centimes par feuille double et de deux centimes et demi par feuille simple.

TARIF DES DROITS DE MUTATION
PAR DÉCÈS

La nouvelle loi divise les différentes classes de Succession en huit catégories, à chacune desquelles correspond une échelle de tarifs gradués.

1re Catégorie, de	1 fr. à	2.000 fr.
2e —	2.001 fr. à	10.000 fr.
3e —	10.001 fr. à	50.000 fr.
4e —	50.001 fr. à	100.000 fr.
5e —	100.001 fr. à	250.000 fr.
6e —	250 001 fr. à	500.000 fr.
7e —	500.001 fr. à	1 million.
8e —	au-dessus de 1 million.	

Voici le résumé succinct du tableau annexé à la loi :

Ligne directe :

1re Catégorie....	1 »» 0/0		5e Catégorie....	2 »» 0/0	
2e —	.... 1 25 0/0		6e —	.... 2 50 0/0	
3e —	.... 1 50 0/0		7e —	... 2 50 0/0	
4e —	.... 1 75 0/0		8e —	.... 2 50 0/0	

Entre Époux. — Le droit est de 3 fr. 75 0/0 pour la 1re catégorie, et augmente successivement de 0 fr. 50 par catégorie.

Entre Frères et Sœurs. — Le droit est de 8 fr. 50 0/0 pour la 1re catégorie, et augmente de 0 fr. 50 par catégorie.

Entre Oncles et Tantes, Neveux et Nièces. — Le droit est de 10 fr. 0/0 pour la 1re catégorie et augmentation de 0 fr. 50 par catégorie.

Entre Grands-Oncles ou Grand'Tantes, Petites-Neveux et et Petites-Nièces et entre Cousins germains. — Le droit est de 12 fr. 0/0 pour la première catégorie et augmentation de 0 fr. 50 par catégorie.

Entre Parents aux cinquième et sixième degrés. — Le droit est de 14 fr. 0/0 pour la 1re catégorie et augmentation de 0 fr. 50 par catégorie.

Entre Parents au-delà du sixième degré jusqu'au douzième degré inclusivement. — Le droit est de 15 fr. 0/0 pour la 1re catégorie et augmentation de 0 fr. 50 par catégorie.

TARIF DES DROITS D'ENREGISTREMENT
des Donations entre Vifs

En ligne directe. — 1º Pour les donations portant partage, faites conformément aux articles 1075 et 1076 du Code civil, par les père et mère ou autres ascendants entre leurs enfants ou descendants, un franc soixante-dix centimes par cent francs (1.70 p. 100) ;

2º Pour les donations faites par contrat de mariage aux futurs, deux francs par cent francs (2 p. 100) ;

3º Pour les donations autres que celles désignées aux deux numéros précédents, trois francs cinquante centimes par cent francs (3.50 p. 100).

Entre époux. — Par contrat de mariage, trois francs cinquante centimes par cent francs (3.50 p. 100) ;

Hors contrat de mariage, cinq francs par cent francs (5 p. 100) ;

En ligne collatérale :

Entre frères et sœurs. — Par contrat de mariage aux futurs, sept francs par cent francs (7 p. 100) ;

Hors contrat de mariage, neuf francs par cent francs (9 p. 100) ;

Entre oncles ou tantes ou neveux ou nièces. — Par contrat de mariage, huit francs par cent francs (8 p. 100) ;

Hors contrat de mariage, dix francs par cent francs (10 p. 100) ;

Entre grands-oncles ou grand'tantes et petits-neveux ou petites-nièces et entre cousins-germains. — Par contrat de mariage, neuf francs par cent francs (9 p. 100) ;

Hors contrat de mariage, onze francs par cent francs (11 p. 100) ;

Entre parents au 5e et au 6e degré. — Par contrat de mariage, dix francs par cent francs (10 p. 100) ;

Hors contrat de mariage, douze francs par cent francs (12 p. 100) ;

Entre parents au-delà du 6e degré et entre personnes non parentes. — Par contrat de mariage, onze francs par cent francs (11 p. 100) ;

Hors contrat de mariage, treize francs cinquante centimes par cent francs (13.50 p. 100).

REIMS. — IMP. LUCIEN MONCE, 75, RUE CHANZY